Alieni Colorare

Per Bambini

Alieni Colorare

Alieni Colorare

Alieni Colorare

Alieni Colorare

Alieni Colorare

Alieni Colorare

Alieni Colorare

Alieni Colorare

Alieni Colorare

Alieni Colorare

Alieni Colorare

Alieni Colorare

Alieni Colorare

Alieni Colorare

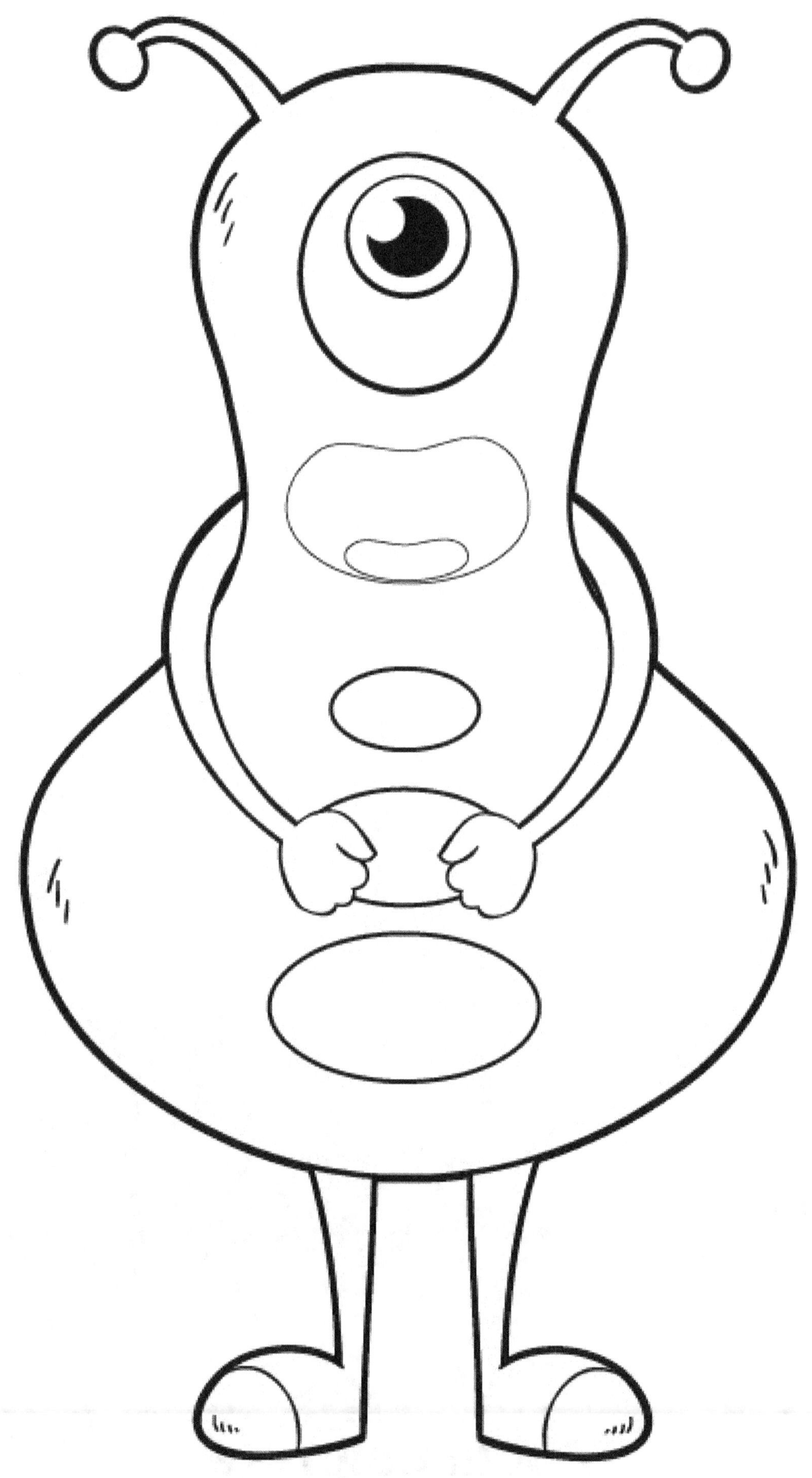

Alieni Colorare

Alieni Colorare

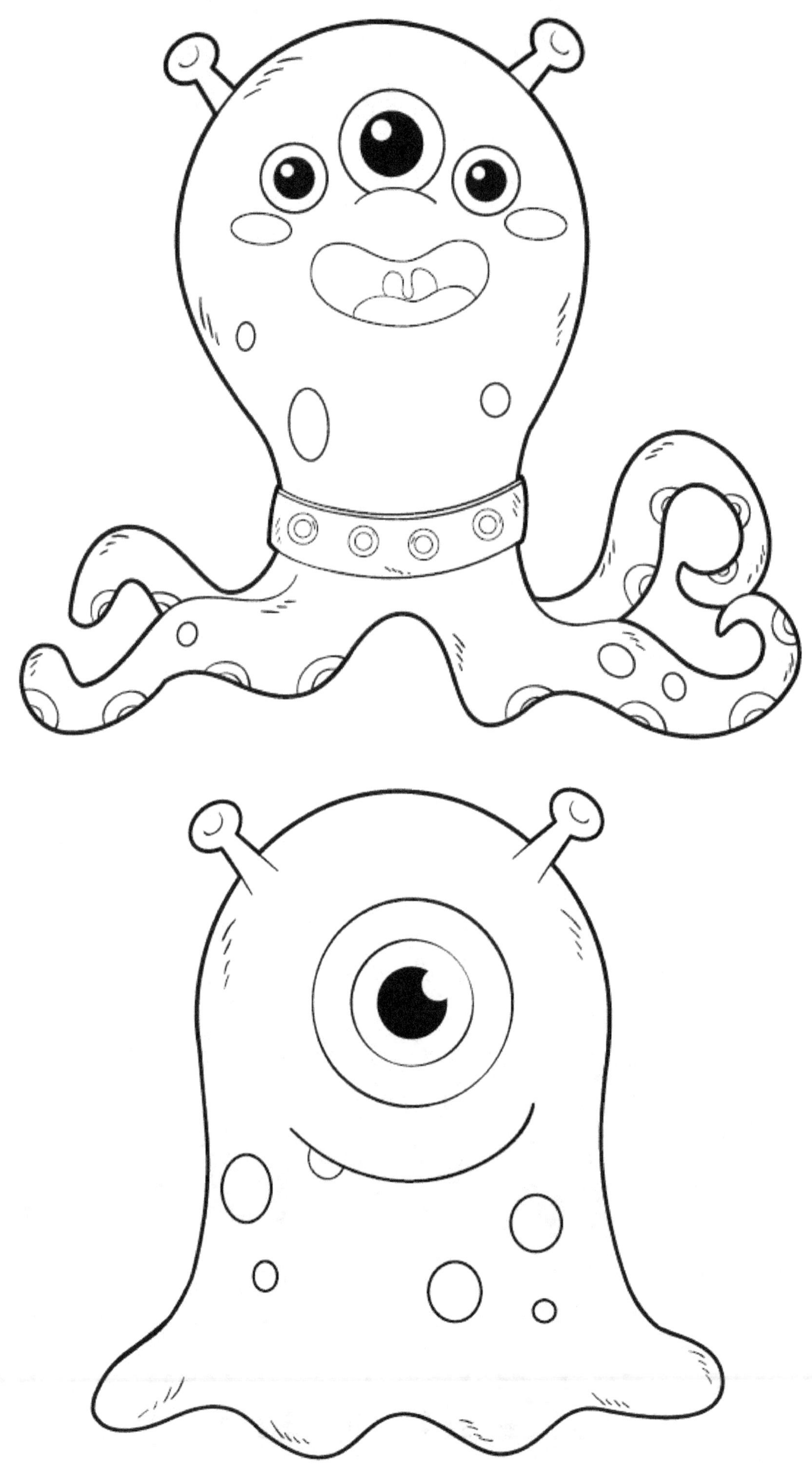

Alieni Colorare

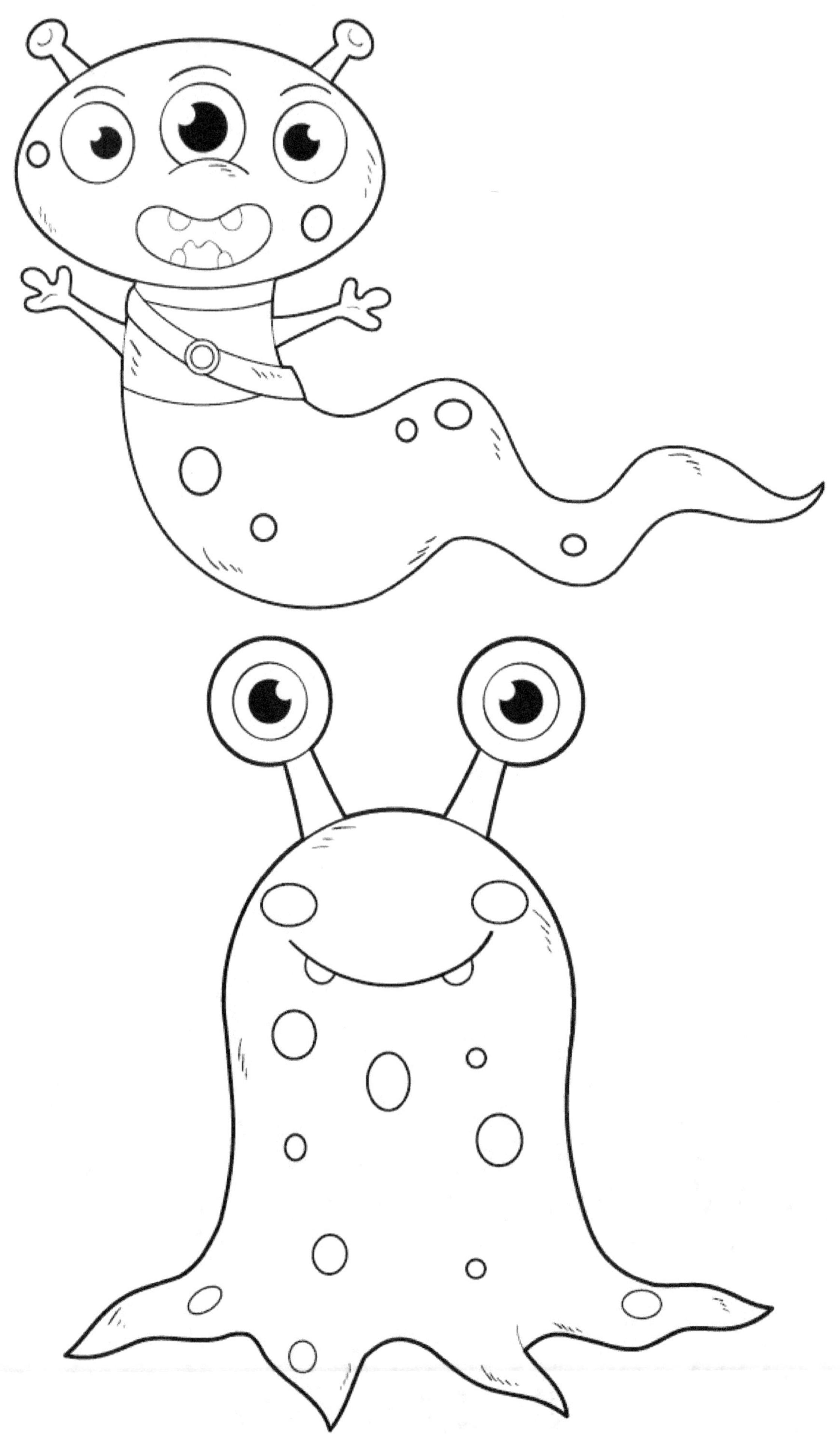

Alieni Colorare

Alieni Colorare

Alieni Colorare

Alieni Colorare

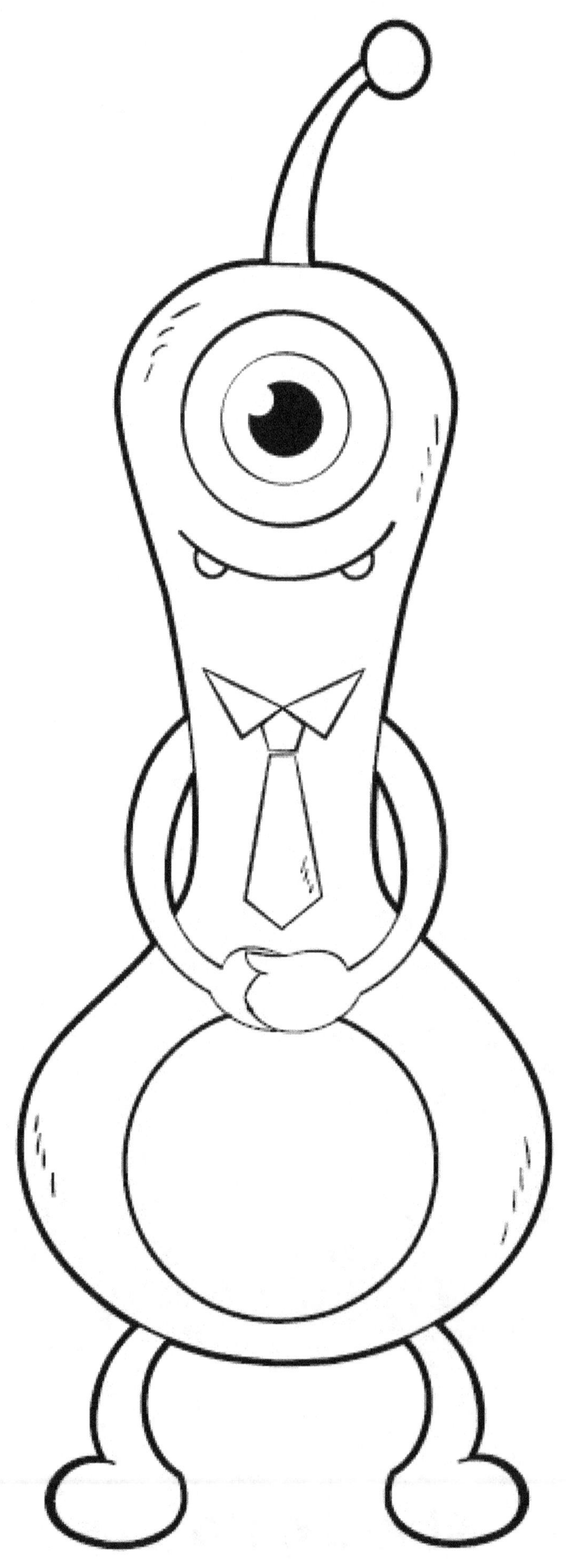

Alieni Colorare

Alieni Colorare

Alieni Colorare

Alieni Colorare

Alieni Colorare

Alieni Colorare

Alieni Colorare

Alieni Colorare

Alieni Colorare

Alieni Colorare

Alieni Colorare

Alieni Colorare

Alieni Colorare

Alieni Colorare

Alieni Colorare

Alieni Colorare

Alieni Colorare

Alieni Colorare

Alieni Colorare

Alieni Colorare

Alieni Colorare

Alieni Colorare

Alieni Colorare

Alieni Colorare

Alieni Colorare

Alieni Colorare

Alieni Colorare

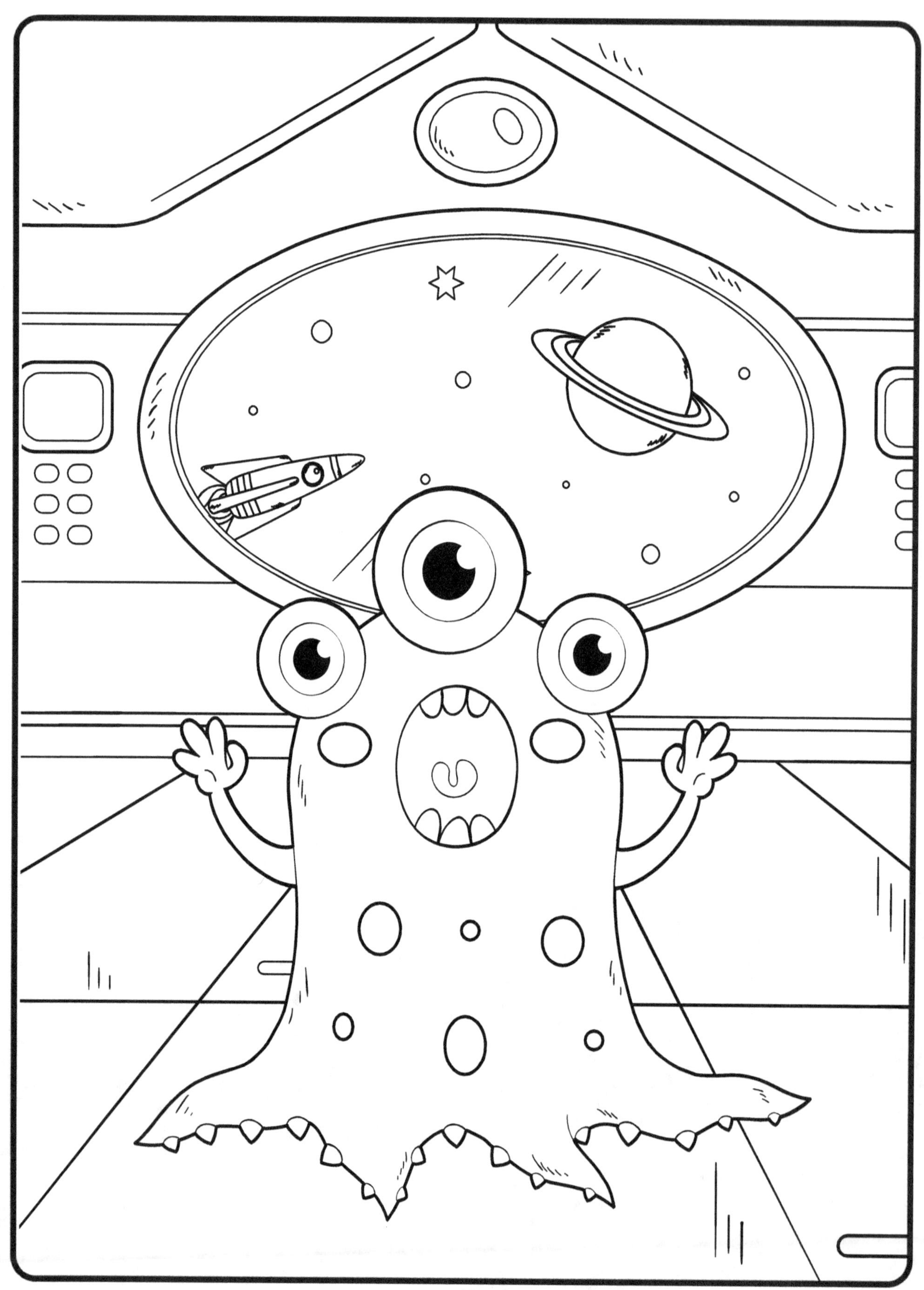

Alieni Colorare

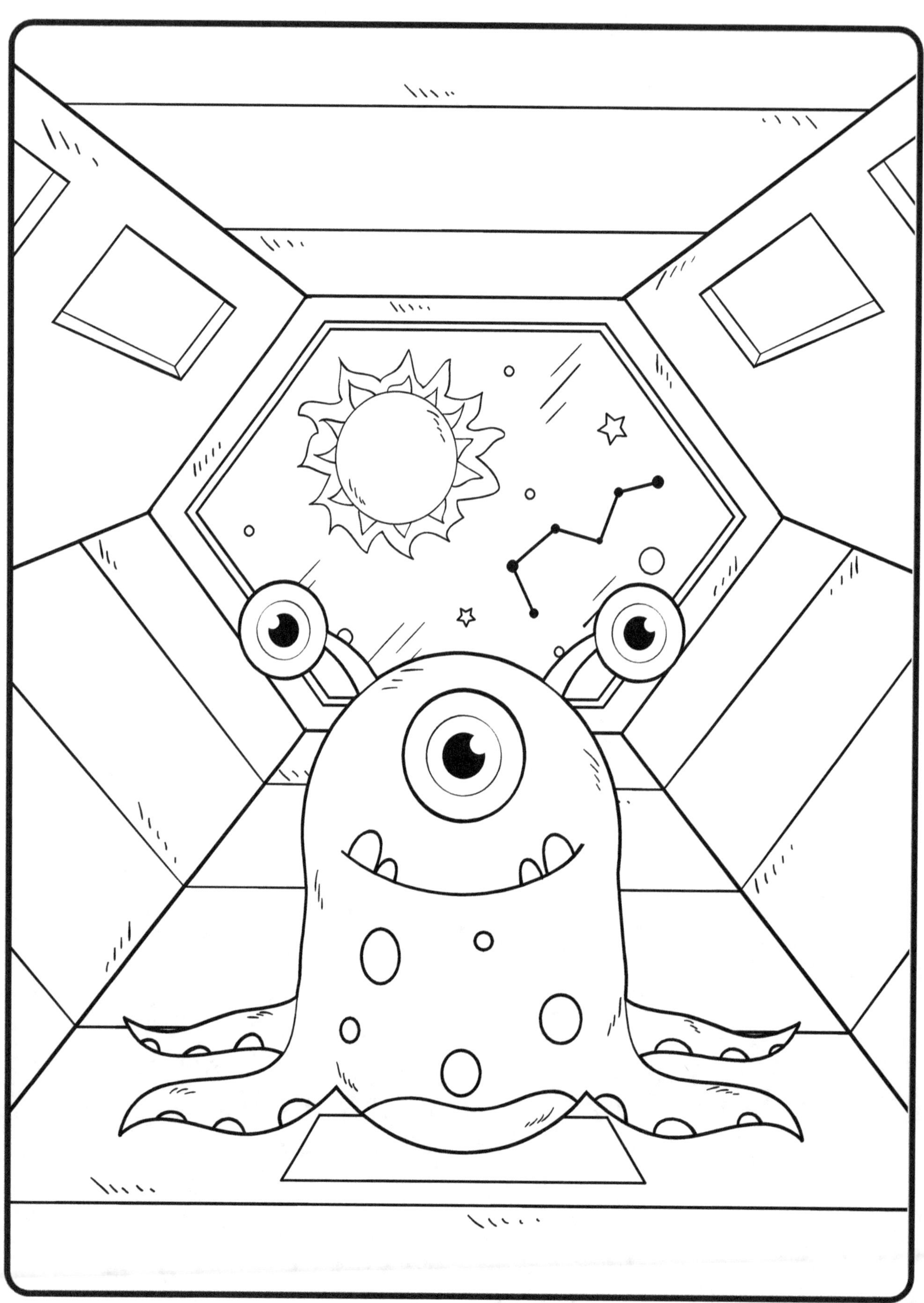

Alieni Colorare

Alieni Colorare

Alieni Colorare

Alieni Colorare

Alieni Colorare

Alieni Colorare